AF463541

25e et 26e Bataillons de Chasseurs à Pied

*Saint-Mihiel, le 5 Août 1899.*



# SIDI-BRAHIM

23, 24 & 25 SEPTEMBRE 1845

# SIDI-BRAHIM

**23, 24 & 25 SEPTEMBRE 1845**

**Allocution prononcée à Saint-Mihiel, pour l'anniversaire de Sidi-Brahim, par M. l'Abbé HENRY, vicaire à la Cathédrale de Verdun, Chanoine honoraire.**

*Saint-Mihiel, 5 Août 1899*

Messieurs.

L'Eglise convie sans cesse ses fidèles à la contemplation des hauts faits accomplis par ses martyrs. Ainsi la gloire de Dieu qui les inspira reçoit un perpétuel hommage, l'héroïsme de ses saints un légitime témoignage de reconnaissance, et la bonne volonté des chrétiens, un magistral coup d'élan. — Ainsi les sacrifices d'hier provoquent les immolations de demain, et dans l'Eglise le passé ne passe pas !

Aujourd'hui, c'est vous, chefs distingués des sympathiques Chasseurs, qui nous appelez à fêter les glorieux faits d'armes de vos frères aînés.

Evoquant les souvenirs de Sidi-Brahim, vous convoquez annuellement vos soldats pour leur montrer comment le Français doit partir, souffrir, mourir pour l'honneur de son drapeau. Vous fournissez à vos amis l'occasion de manifester publiquement l'admiration, la confiance, l'espoir qu'ils professent à votre égard...; vous conviez enfin la religion à jeter du divin dans vos apothéoses ; et vous aussi, avec la mort, vous faites de l'Immortel.

Pour répondre à votre désir, nous condenserons dans nos cœurs et sur nos lèvres les sentiments qui, sortis de votre pensée, frémissent éparpillés sous ces voûtes, et nous dirons que quand le patriotisme et la foi se sont emparés des âmes, la mort travaille en vain : Les morts sont vivants. *Defunctus adhuc loquitur.*

Messieurs, l'homme est ainsi fait, mélange de grandeur et de faiblesse, qu'après les graves évènements qui l'ont passionné et maintenu à la hauteur de l'unité de vue et de direction, il redescend souvent aux petitesses des discussions, d'où naît la division. Mais si le danger se réveille, la divergence des idées s'évapore, une gigantesque poussée se produit qui refait l'unité de dessins grandioses, et l'homme redevient vrai, puissant, beau, magnifique pour défendre ce qu'il aime.

En ces quelques mots, je viens de résumer l'état des esprits et des choses en 1845.

D'abord on s'était passionné pour ce que le maréchal Bugeaud avait appelé « **La plus grosse affaire de France !** » la conquête de l'Algérie. Pendant douze ans, on avait acclamé les combats et les victoires qui, dans un pays tourmenté, sous un climat brûlant, parmi mille dangers, avaient planté le drapeau français sur Alger, sur le rocher de Constantine, l'antique résidence de Jugurtha et triomphé au Sahara et au Maroc, sur les bords de l'Isly, de la Smala qui protégeait intrépide et farouche le fantastique émir Abdel-Kader.

Ensuite, ce fut le calme relatif. Mais voici que pendant ces heures de répit si mérité par nos soldats, des idées opposées s'éveillent au sujet des possessions nouvelles, et sur ce terrain spéculatif, toujours si fécond en orages, se livrent de nouveaux combats.

A la Chambre, Thiers éclairé par ses larges conceptions n'est pas compris quand il demande des ressources plus abondantes pour l'Algérie.

Au ministère de la guerre, le maréchal Soult, — dans l'armée le général Lamoricière, — aux Chambres, la majorité — s'opposent à l'idée arrêtée du maréchal Bugeaud qui veut « l'offensive le plus souvent possible ou au moins la force souvent montrée au loin » et qui demande avec insistance la colonisation militaire qui fera des Africains des « enfants bien élevés, obéissant sans mot dire » à l'exclusion totale ou relative de la colonisation civile qui ne ferait des habitants de l'Algérie que « des enfants mal élevés, criant, pleurant et se fâchant pour la moindre contrariété. »

Enfin, la grande bavarde, capable de tant de bien et de tant de mal, si souvent mouche du coche, la Presse, jette ses notes discordantes dans cet horizon agité où s'amoncellent des nuages qui auraient affaibli les gloires récentes, si la gloire, comme le soleil, ne perçait pas par elle-même l'opacité des nuages.

D'ailleurs ces discussions étaient plutôt des agitations de surface : elles s'évanouirent bien vite devant des dangers renaissants : le Lion du désert, Abdel-Kader venait de reparaître.

Et comme dans nos forêts, on voit quelquefois les troncs de deux grands arbres s'unir pour se diviser, sans se séparer, en branches puissantes, ainsi l'on vit Bugeaud et Lamoricière se retrouver forts dans l'unité de pensée et étendre sur leurs adversaires l'influence contagieuse qui avait gagné leurs officiers.

La guerre recommença. — De fiers ennemis se retrouvèrent en présence. D'un côté des tribus arabes ayant au bras la vaillance ; au cœur la haine du nom français, du nom chrétien ; à l'âme le fanatisme religieux ; au caractère des capacités d'hypocrisie assez perfides pour cacher le pistolet sous le manteau du pèlerin, (comme à Sidi bel-Abdès) et pour voiler la lâcheté de la trahison sous les apparences du dévouement, (comme le guide de Brézina) ; ardents au combat, prompts à l'attaque, agiles à s'enfuir, habitués aux contrastes de température ou de terrain de leur pays, capables enfin des raffinements de la barbarie.

Et pour s'emparer de ces multitudes souples et inflammables un Abdel-Kader dont le regard caressant enveloppait les multitudes..., dont le front royal éclairé d'intelligence et de génie commandait l'obéissance.... dont les succès passés enthousiasmaient les foules..., dont la parole soulevait toutes les énergies..., dont la piété faisait un idéal et céleste marabout..., dont les promesses prophétiques éveillaient la foi à l'unité politique et religieuse de l'Afrique... quand son drapeau blanc apparaissait, les Arabes prenaient feu.

De l'autre, des Français souvent trop peu nombreux, hélas ! mais des soldats à qui Changarnier pouvait adresser ces paroles : « Voyez les Arabes en face, ils sont 6000, vous êtes 300, cela fait la partie égale. » — C'est de leurs frères qu'on disait au siège de Constantine : « Pour les faire mourir, il faut les tuer deux fois. » — Ce fut de ces guerriers que le maréchal Valée osa entraîner dans les portes de fer, défilés de granit que les Romains n'avaient pas osé franchir et qu'après notre passage le duc d'Orléans a fait parler en gravant sur leur dur silex cette simple inscription : « **Armée française 1839 !** »

Oui, répétons-le : *C'étaient des Français !*... Les Arabes les appelaient : « *Les Enfants de la puissance.* »

.................. ...... ...........

Au poste de Djemmaa, ces enfants de la puissance étaient au nombre de 420 Montagnac, leur colonel, les tenait dans la main. — Quand sa belle tête aux traits rudement accentués leur apparaissait, ils étaient fiers de lui appartenir. — Quand il parlait, un courant magnétique de puissante autorité les envahissait. — Quand il se levait, quand il parlait on le suivait... et au repos comme au combat on l'aimait.

Or le 21 septembre 1845, Montagnac parut, parla et demanda qu'on partît pour aller défendre et protéger les tribus alliées contre Abdel-Kader. Tels étaient les ordres qu'il avait reçus.

Ce jour là, il était triste le colonel, non pas pour lui, bien qu'il sût qu'il ne reviendrait pas, mais parce qu'il « considérait comme de pauvres victimes les malheureux qu'il devait conduire là-bas. » Terrible prérogative que d'être assez aimé pour conduire à la mort des hommes capables d'obéir, incapables de murmurer ! Cependant, par devoir il réprima ses appréhensions, et, sublime, il s'avança sur **l'Ouëd-Kouerda**,

C'est là que le bivouac fut établi.

Deux compagnies y demeurèrent pour la garde du camp, les autres hussards et infanterie longèrent les ravins, silencieux... dans l'ombre... la nuit.

Qui dira quels étaient, malgré des alertes successives, les désirs, les espérances, les ambitions de ces braves... Ils seront vainqueurs... Ils s'empareront d'Abdel-Kader. On ramènera l'émir défait, vaincu, soumis, et la France triomphera.

Hélas ! c'était un rêve... Dès le lendemain matin, au jour levant, la cime des montagnes sembla couverte de draperies blanches et s'agiter. C'étaient les burnous blancs, les Arabes, et avec eux l'émir !...

Le combat s'engagea terrible, inégal ; ils étaient 250 contre 1000 — Comment lutter dans de telles conditions ? Ils essayèrent cependant, nos soldats se battirent comme des lions. Montagnac était là !... Mais bientôt Montagnac est blessé. Mourant, fermant d'une main les lèvres de sa large blessure, de l'autre il manie le sabre et dirige les siens.qui presque tous meurent, meurent encore, meurent toujours. A ceux qui restent il crie : « Ne vous occupez pas de moi, mon compte est réglé; essayez de gagner le marabout de Sidi-Brahim ! »...

Puis, il tombe !... Les échos des montagnes répétèrent encore quelques coups de fusil... Ensuite le bruit alla s'affaiblissant... Enfin, plus rien !...

Le colonel, ses officiers, ses hommes étaient morts.

Il était resté deux compagnies au camp; à part 85 hommes elles accourent au secours de leurs frères d'armes.

Secourir!... Qui?... Ils étaient là tous étendus, encore fiers dans la mort, Il ne restait plus qu'à les venger. Mais 10.000 Arabes sont arrivés qui guettent le faible détachement.

L'héroïsme engendre l'héroïsme: « Ils sont tous morts en braves; à nous de faire comme eux s'écrie le capitaine Burgard. »

Et le combat recommence.

Un jeune homme de 20 ans se prend à trembler: la mort à cet âge!... — « Tu vas voir comment on meurt le cœur ferme, la tête haute, » lui dit le commandant Coste...; et sur l'heure, frappé au front, il tombe. L'adjudant Dutertre le remplace et meurt à son tour..... Le capitaine Burgard reprend le commandement, il est renversé et baigné dans son sang. — Dans la vue du sang, l'adjudant Thomas trouve le désir du martyre: « Allons, mes amis, mourons sur le corps de nos officiers! »

Quelques instants après, lui qui avait voulu la gloire de la mort, subissait la honte d'être prisonnier!...

La compagnie Burgard avait donné sa valeur.

.....................................

Au camp, le sinistre silence qui suivit ce second carnage fut compris. — Venger ces héros, c'était impossible pour le moment. Mais, si on gagnait Sidi-Brahim, on pourrait attendre là des secours et bientôt reprendre l'offensive.

Et les voilà ces 85 soldats qui franchissent les deux kilomètres qui les séparent du marabout, y aboutissent et organisent une défense. On perce des créneaux.... pour prolonger la résistance, on coupe les balles en 4 et 6 parties... Ils n'ont plus de drapeaux, les pauvres enfants!... mais un soldat réunissant quelques débris d'étoffe... une ceinture, une cravate, un mouchoir... en improvise un, et, près de ce signe aux couleurs de la Patrie, ils s'encouragent, se serrent les mains, s'embrassent... O France!... France!...

La France n'était pas là... les secours arrêtés, paralysés, repoussés n'arrivaient pas. A leur place, les Kabiles escaladèrent le monticule.

Vaincus d'abord... tués avec une précision... française..., ils auraient été massacrés tous sans l'arrivée d'Abdel-Kader lui-même avec plusieurs tribus ivres de sang. Une horrible mêlée commence. Vaincre est impossible, mais le trépas de nos héros coûtera cher à leurs ennemis. — Deux fois, on leur propose de se rendre. Un de leurs chefs prisonnier du matin est menacé de mort s'il ne leur persuade pas la capitulation... mais, Français jusque sous les menaces, il leur crie : « *Ne vous rendez pas !* » et est immolé sans pitié !

Sa mort paraît vengée par une blessure d'Abdel-Kader. Mais elle n'a frappé que l'épiderme du visage. Aussi triomphant, l'émir s'assied sous un caroubier pour assister au dénouement du combat. — Ce caroubier, tueur de français regarde-le bien. Dans un an, tu t'y retrouveras, mais vaincu, terrassé, soumis, prisonnier sous la main vengeresse de Lamoricière, et l'arbre de la victoire deviendra l'arbre de la honte ; la Providence saura bien te forcer à donner à la croix l'ombre de tes palmiers !

Au matin du 26, Abdel Kader se retira ; ce qui restait de nos soldats ne pouvait plus l'alarmer... ni même l'intéresser peut-être.

Cependant ceux-ci réunissant ce qui leur reste de force et de courage escaladent les parapets, luttent encore pendant un trajet de deux lieues. Ils sont 73 et emportent 7 blessés ; ils veulent rejoindre Djemmaa pour y dire ce qu'ils savent, pour y allumer le feu des représailles et revenir. — Les Arabes ne viennent ils pas de tuer encore le lieutenant Chappedelaine ?...

On aurait dit que c'était leur dernier forfait... Tout à coup sur les crêtes voisines on aperçoit des Français... C'est du secours !... La confiance renaît au cœur de nos guerriers. D'ailleurs voici le fond de la vallée. — Voici Djemmaa, ses fortifications, ses jardins. — Ils ne sont plus que 60, du moins ils seront sauvés. —

D'ailleurs les Arabes semblent se lasser de les poursuivre. — Alors le clairon sonne la marche du 8$^{e}$, et, pleins d'espoir, nos victimes ayant vu dans la vallée une source d'eau limpide, s'y précipitent pour rafraîchir leurs lèvres qui depuis 3 jours n'avaient pas pu se désaltérer !...

Et c'est là, pendant que, fiévreux et épuisés, ils commençaient de revivre que des Arabes cachés dans les environs vinrent hommes, femmes, enfants, achever l'armée de Montagnac à coups de pierres et de yatagans.

13 seulement survécurent pour dire que leurs frères avaient donné pour leur pays toute leur énergie, tout leur cœur, tout leur amour, tout leur sang.

Sur leurs tombeaux, on aurait pu graver, comme aux Thermopyles pour les Spartiates : « *Passant, va dire à la Patrie que nous sommes morts pour la servir !* »

On a préféré, (c'est plus simple, plus vrai, plus beau), graver : *C'étaient des Chasseurs !*

***

Voilà le fait historique dont vous célébrez, Messieurs, le glorieux anniversaire, sans vous lasser de rappeler chaque année ce magnifique épisode comme dans la famille on redit tous les ans le souvenir des joies passées ; comme, toute proportion gardée, dans l'Eglise on répète périodiquement les actes divins et sauveurs du Christ Jésus.

Toutefois se contenter d'une admiration stérile devant un si haut fait d'armes serait s'exposer à ne pas en comprendre toute la portée. — Nous le jugerons mieux en en cherchant la cause.

Elle est double : le patriotisme et la foi. Il arrive quelquefois que des esprits faux ou blasés attribuent la bravoure du soldat au prestige de la discipline, à l'influence de la crainte, à l'entraînement de l'exemple, à l'ivresse que produit la vue du sang et le voisinage de la mort. — Ne nions pas, Messieurs, l'effet de ces influences accidentelles. Aussi bien n'est ce pas là que je veux sonder le cœur du soldat pour y trouver vivant et efficace l'amour du pays.

Je ne veux même pas l'étudier parmi les joyeusetés, les plaisanteries, l'indifférence apparente de la caserne. Je préfère le saisir à l'heure où, par le sacrifice accepté, il prouve ce qu'il sent... ce qu'il est... ce qu'il aime... Que la guerre se déclare, le soldat qui riait hier ne rit plus ; son visage revêt la mâle beauté des heures solennelles et tout en lui atteste son amour pour la Patrie : Cet adieu un peu brusque quelquefois (car il est des circonstances amollissantes qu'il ne faut pas prolonger) dit au père et à la mère... ce dernier regard jeté au clocher de l'Eglise... cet « au revoir » ému adressé au prêtre de la première communion, aux maîtres d'autrefois, aux amis d'enfance... cette démarche un peu saccadée de la bravoure qui fait battre le cœur plus vite et plus fort, ces larmes qui voudraient pleurer et qu'on force à sourire... cette pensée qu'on mourra peut-être, mais pour le pays.......................

Ici ni poudre ni fumée, ni commandement ni crainte, ni sang ni mort, mais un besoin de dévouement qui chante dans l'âme... la pensée de la France qui commé un ange passe devant les yeux... une terre qui parle de souvenirs... un air tout impressionné de gloire qu'on respire... un hier dont on est fier... un demain qu'on veut plus beau encore, l'estime de l'honneur puisé au foyer paternel, l'amour du drapeau qui vous saisit, vous élève, vous enivre ! La Patrie enfin !...

Voilà, Messieurs, ce que je salue dans l'âme de tout soldat, dans l'âme des *Chasseurs d'Afrique*. Ils savaient en partant qu'ils partaient pour l'honneur de leur pays et en mourant qu'ils n'y retourneraient plus, et ils sont morts !... Gloire à leur patriotisme !

Ah ! Messieurs, qu'il est bien dans notre caractère ce patriotisme.

Petit, dans nos rues l'enfant le révèle en jouant au soldet.

Adolescent. dans ses lectures le jeune homme cherche les récits militaires et guerriers.

Les mères qui quelquefois sont trop peu

chrétiennes pour accepter en leur enfant la vocation sacerdotale disent cependant avec fierté : Mon fils veut être militaire.

Dans nos campagnes, nos braves gens sortent sur leur porte dès qu'on vous entend venir, mes amis ; et quand le Drapeau passe, instinctivement on se découvre, et telle est l'estime de ce qui représente la Patrie que les peuples s'apprêtent (comme Dieu sait tirer le bien du mal), à trouver la soutane plus belle et plus respectable quand on l'aura reprise après avoir porté le pantalon rouge.

Le patriotisme (1), il fait la fidélité du souvenir. Quand une ville frontière voit partir un commandant pour elle type de l'honneur et de la bravoure militaire, âme d'un bataillon longtemps admiré et apprécié, elle lui pardonne difficilement d'être appelé à de plus hautes destinées.

Le patriotisme, (2), il fait la reconnaissance durable : La puissance d'un fleuve, comme la Loire, par exemple, passât-elle, avec le temps qui efface tout, sur le sable illustré par le courage et l'habileté d'un général fameux, elle n'efface rien de ce qui fut une des gloires consolantes de 1870.

---

(1) Allusion au général Tournier, ancien commandant de Chasseurs très apprécié a Verdun, puis général à la maison militaire de Carnot et de Félix Faure, et actuellement général de division, commandant d'armes à Saint-Mihiel.

(2) Allusion au général Chanzy dont le fils était récemment commandant à Saint-Mihiel.

Le patriotisme, (1), il fait l'enthousiasme des foules recevant avec ivresse le Soldat patient, héroïque qui après deux ans d'attente, de souffrance au milieu des marais, des roseaux, des fièvres, des alertes, va cependant du Congo jusqu'au Nil, planter à Fachoda le drapeau français.

L'amour de la Patrie... mais, Messieurs, il monte jusqu'ici... bien qu'ici soit divin.

Et en ce moment où je vous parle, je sens qu'après les grandes influences de mon Maître, le Sauveur Jésus, il n'est pas de sentiment qui puisse saisir davantage le cœur d'un prêtre que ceux du patriotisme, et je ne puis résister au besoin de transformer en prière ce que je pense, ce que tout prêtre pense : Que Dieu garde notre Patrie au premier rang pour les grandes causes, pour les nobles conquêtes, pour les sublimes héroïsmes, et qu'à jamais sous sa bénédiction et aux yeux du monde *Vive la France.*

.....................................

Elle vivra, Messieurs, car ce n'est pas seulement le patriotisme qui la fait grande, c'est la foi en l'immortalité.

Et il le faut bien. — L'honneur, la gloire, le sacrifice, le martyre seraient de vains mots, Messieurs, s'il n'y avait rien au-delà. Quelques êtres de choix y pour-

(1) Allusion au commandant Marchand.

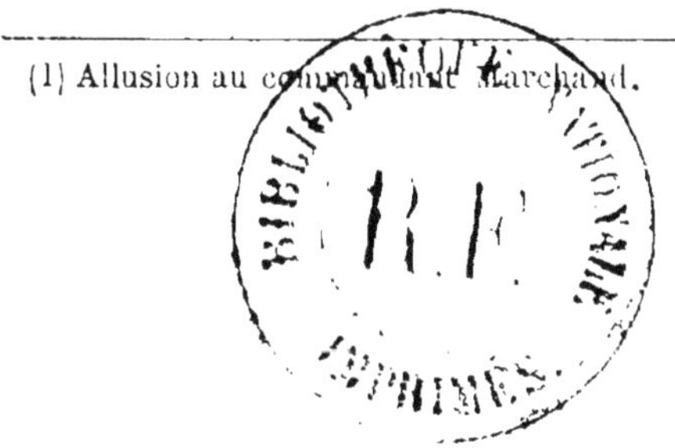

raient prétendre, la masse jamais.

Il est vrai que le soldat insouciant de la psychologie peut ignorer que l'âme principe simple, incapable de décomposition, échappe par sa nature à la mort .. ne pas savoir que le consentement unanime des peuples, la sagesse, la justice, la bonté de Dieu réclament notre survivance dans un monde meilleur, mais guidé par son bon sens il croit à l'immortalité.

Avant Jésus Christ, on y croyait. Les soldats de Rome et d'Athènes trouvaient dans le vide des tombeaux des plénitudes d'espérance et dans le silence de la mort des paroles d'avenir. C'était un résultat des révélations premières.

Mais depuis Jésus-Christ, le soldat qui doit mourir peut aller droit au but, et s'arrêtant par la pensée ou tombeau de J.-C. que dans son enfance il a connu et aimé, il croit au Dieu de la vérité qui a enseigné et fait la résurrection.

Aussi, je ne crains pas d'affirmer que quand là-bas à Sidi-Brahim vos frères mouraient, mes amis, chaque battement de leur cœur, chaque résolution de leur volonté, chaque goutte de sang versée les rapprochaient du sentiment des martyrs, et qu'au moment suprême où en quelques secondes la pensée se porte sur tant d'objets et va directement à la lumière, ils ont cru... ils ont espéré en la justice de Dieu, en la résurrection des morts et, mourants, se sont sentis, si leur conscience était pure, irrévocablement marqués pour le Ciel!...

Ce n'est peut être pas au moment même de l'action que ces pensées s'expriment, mais elles sont au fond de l'âme, elles y vivent et lui donnent une vitalité qui fait pressentir les horizons éternels. De même, Messieurs, le prêtre qui va joyeusement au chevet des malades contagieux ne détermine pas toujours sa pensée à l'heure du dévouement. A ce moment, il sent davantage l'excitant du sacrifice, l'ivresse du devoir, la volupté de prouver par d'irrésistibles arguments la force de sa foi, la puissance de ses espérances, l'expansion de sa charité, mais à la base de toute sa vie se trouve la foi en l'immortalité, elle le rend fort, elle le fait invincible!

Ne vous étonnez pas, Messieurs, que je rapproche ici l'armée du sacerdoce. Bugeaud ne disait-il pas aux trappistes venus pour défricher le domaine de Staouëli : « Rien ne se rapproche plus de l'organisation militaire que l'organisation religieuse. »

Cependant je veux nous effacer pour saluer en terminant cette même foi à l'immortalité dans vos âmes, Messieurs, chez qui de solides études ont permis à la raison d'ouvrir le chemin de la foi et qui, au besoin, saurez mourir comme des immortels ; ... Dans vos âmes, Mesdames, Femmes de France qui, en donnant votre main à un soldat savez que quelquefois la Patrie demande d'héroïques sacrifices, et que sous les drapeaux déchirés il y a souvent des épouses et des mères qui pleurent de ces larmes que le Calvaire a vues et que le Ciel recueille!

Et au nom de tous ici en songeant aux sacrifices d'Afrique, au patriotisme qui les a inspirés, à la foi qui les a soutenus, à Dieu qui les a récompensés, je dis : Non, les morts ne meurent pas ! *Défunctus adhuc loquitur !*

*Amen.*



VERDUN. — IMPRIMERIE RENVÉ-LALLEMANT.

www.ingramcontent.com/pod-product-compliance
Ingram Content Group UK Ltd.
Pitfield, Milton Keynes, MK11 3LW, UK
UKHW012309240726
13966UKWH00004B/1740

9 782011 924162